RUTAS SANGRIENTAS

El fenómeno de la migración desde una mirada sociológica

MARZO 2024

Uno de los hechos más resaltantes en las noticias diarias, suelen estar relacionados con las emergencias provocadas por la ola de inmigrantes ilegales; Estados Unidos se ve desbordado por su frontera sur, Europa no alcanza a albergar a los cientos de miles que, desde África, intentan cruzar el Mediterráneo, por los medios que sean, para llegar a sus costas; Japón, Corea del Sur y Rusia, también sufren una carga de inmigrantes, aunque con menor presión, debido al carácter de sus regímenes políticos; pero incluso América Latina a tenido este tipo de presión, venezolanos y haitianos han llegado en caravanas hacia Colombia, Ecuador, Perú y Chile, principalmente.

Este fenómeno de inmigración masiva se ha desatado recientemente, pero sus raíces van más atrás en el tiempo, cuando en el último tercio del siglo pasado, en los países del llamado tercer mundo, las poblaciones rurales comenzaron a invadir las capitales, principalmente, pero también las ciudades costeras más desarrolladas; las motivaciones son siempre las mismas, la pobreza extrema, la falta de atención de los gobiernos, la inseguridad ciudadana.

Salta a la vista que, lo que hace falta, no son más muros, ni vallas, ni fuerzas de seguridad, o medidas represivas para los infractores, sino una investigación, seria y despolitizada, de las verdaderas causas que están activando este fenómeno, para así poder llegar a proponer soluciones efectivas estructuralmente, dejando de lado los remiendos transitorios, destinados a quebrarse rápidamente; en el entendido de que el continuo crecimiento de la inmigración puede llegar a detonar una explosión social que causaría serios daños a la constitución integral del estado y por tanto a la cotidianeidad del ciudadano común.

RUTAS SANGRIENTAS

Norte – Sur, la frontera de la pobreza

Como se definen las migraciones

Los movimientos migratorios han sido una constante en la humanidad desde los primeros signos de civilización; en primera instancia, para buscar tierras más fértiles y condiciones climáticas más favorables para la sobrevivencia, pero luego fueron surgiendo las guerras de conquista, las luchas por el poder, y a consecuencia de estas, muchas poblaciones se vieron obligadas a abandonar sus lugares de origen, para evitar ser asesinados o esclavizados, dado origen a las migraciones masivas.

En este punto es importante distinguir entre el fenómeno migratorio regular, aquel donde algunas familias, o personas individuales, en el trascurso de periodos de tiempo relativamente largos, deciden voluntariamente cambiar su lugar de residencia buscando mejorar sus condiciones de vida, y la migración masiva, que es cuando enormes cantidades de personas se ven compelidas a abandonar sus lugares de origen, ya sea por razones políticas, religiosas o económicas, bajo un inminente peligro sobre su subsistencia.

Migraciones históricas

Una de las más conocidas migraciones masivas es la llamada diáspora judía, que abarca desde los siglos VI ac, hasta comienzos del siglo II dc, donde millones de judíos, se vieron expulsados de sus tierras en los reinos de Israel y Judá, debido a las constantes guerras de conquista, donde tanto los imperios moros, como el imperio romano, ocuparon sus territorios.

Entre otras de las más resaltantes migraciones masivas en la historia se encuentra la que sucedió a fines del siglo XIX, llamada la diáspora italiana, donde la extrema pobreza de las tierras de la península, el bajo desarrollo industrial y por último el surgimiento del fascismo italiano en las primeras décadas del siglo XX, causaron que cerca de trece millones de italianos huyeran del país en busca de mejores oportunidades.

La otra más grande migración masiva se produjo a mediados del siglo XX, con la partición de la India con Pakistán, lo que produjo graves disturbios religiosos entre hindúes, sijes y musulmanes, que causaron más de un millón de muertos, y que activó la migración de más de catorce millones de personas huyendo del caos y el peligro de muerte.

El nuevo fenómeno migratorio

Desde mediados del siglo XX las migraciones regulares empezaron a volverse más intensas, tomando una dirección de sur a norte, convirtiendo la línea ecuatorial como un referente divisorio entre el primer mundo y el tercer mundo, países pobres y países ricos; en estos tiempos, cada vez más personas y más familias buscan emigrar hacia los países considerados ricos, con la meta de cambiar su futuro y el de sus familias.

En Latinoamérica, el destino común es Estados Unidos, teniendo a México como puerta de entrada; las motivaciones surgen mayormente desde la pobreza extrema, pero también huyendo de las bandas de crimen organizado, especialmente del narcotráfico, que corrompe las instituciones del estado y siembra el terror en la población con sangrientos asesinatos, secuestros y extorsiones a los negocios legales.

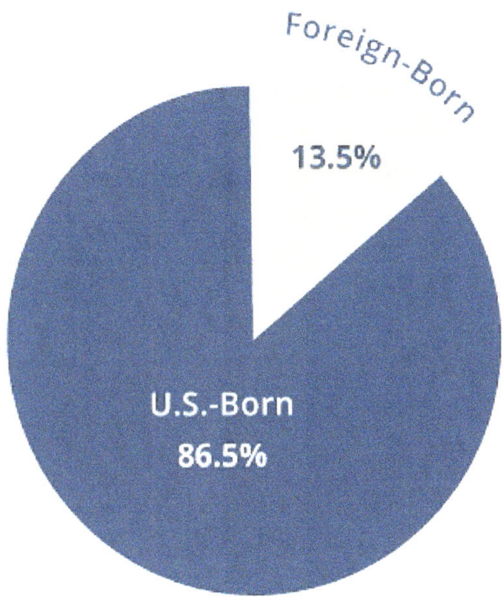

ORIGEN DE LA POBLACION EN ESTADOS UNIDOS

En África, el destino común es Europa, cuyos principales puntos de llegada son España, desde Marruecos, por el estrecho de Gibraltar, e Italia, desde Túnez, por su cercanía con Sicilia; las motivaciones también pasan por la pobreza extrema, aunque aquí, ese término es mucho más extremo que en Latinoamérica, considerando además que muchos deben huir de las sanguinarias masacres que causan de las guerras fratricidas entre tribus y sectas religiosas, pasando por los ejércitos de mercenarios que protegen los intereses de las empresas que explotan las riquezas minerales del subsuelo, y las dictaduras cruentas que copan las instituciones del poder político.

TOTAL INTERNATIONAL MIGRANT STOCK
BY REGION AND SEX, MID-YEAR 2020

En Asia y medio oriente, la situación es más complicada, porque, aunque sufren las mismas situaciones, no tienen una frontera cercana donde huir, Rusia y China no son opciones anheladas, dado su contexto económico-político.

Este es el signo de los tiempos del capitalismo postindustrial mercantilista, cuya política ensancha, cada vez más, la brecha social entre pobres y ricos; el sentimiento ante la evidencia de esta brutal separación, en las poblaciones afectadas, se convierte en un acicate de rebelión contra el status-quo, que hace insostenible el sistema.

Desde inicios del siglo XXI, este movimiento migratorio se ha acrecentado exponencialmente, dado que las personas vulneradas por el sistema, sienten que la presión económica y la inseguridad ciudadana llega a límites inaceptables para muchos, convirtiendo en poco tiempo, la migración regular en un incidente masivo.

Los inicios de la migración masiva

Si bien el movimiento migratorio masivo, se ha hecho muy notorio en este siglo, los antecedentes que alimentaron este fenómeno, se forjaron dentro de los países del tercer mundo con mucha anterioridad.

A partir del segundo tercio del siglo XX, con la invasión del industrialismo a dichos países, el abandono del estado en las zonas rurales se hizo demasiado evidente, las inversiones corrieron hacia las ciudades y en el campo la mano de obra fue despreciada, afectando fuertemente las condiciones de vida, ya de por sí miserables, de las poblaciones rurales.

Enfrentados a una coyuntura, donde un mínimo nivel educativo era imprescindible para dar valor a su trabajo, encontraron que no existían escuelas a su alrededor, cuando nuevas enfermedades, traídas por la modernidad, atacaron su salud, encontraron que no habían hospitales para ellos, cuando las empresas tomaron sus ríos para extraer los minerales, se encontraron con la escasez de agua para sus hogares, sus plantas y sus animales, cuando intentaron protestar por su situación, fueron maltratados, penalizados y frecuentemente expoliados por las "fuerzas del orden".

En esta encrucijada, familias enteras empezaron su marcha hacia las ciudades, especialmente a las capitales, para convertirse en obreros industriales y así poder sobrevivir; fue una masiva migración del campo a la ciudad sin antecedentes en la historia.

Para cumplir este objetivo, invadieron todas las zonas abiertas que encontraron fuera del casco urbano de las ciudades, creando un extenso anillo de miseria alrededor de estas, y provocando, no solo un salto cuantitativo en la población de dichas ciudades, sino que extendieron sus límites, gradual pero inexorablemente, creando, además, un sinnúmero de problemas administrativos para la gerencia de dichas ciudades.

Sin embargo, la historia avanza, la ciencia trae nueva tecnología, surge la mecanización de la industria, llega la era de la informática, la globalización, y la mano de obra barata ya no es suficientemente rentable, cientos de miles de trabajadores son arrojados a las calles, donde se ven obligados a sobrevivir vendiendo chucherías, en una nueva modalidad de mendicidad encubierta, luchando día a día en una competencia cruel con otros miles que tratan de sobrevivir de la misma manera, en las misma calles.

De allí surge la falsa esperanza de los nuevos migrantes, hay que seguir huyendo, esta vez hacia el norte, hacia los países ricos, donde la gente vive con muchas comodidades, donde quizá puedan construir un futuro, ya no para ellos mismos, pero quizá para sus hijos y los hijos de sus hijos.

Las rutas sangrientas de la migración

Esta nueva migración crea sus propias rutas, se normalizan por las experiencias ajenas, incluso se crean paraderos rutinarios a lo largo de los caminos, por donde corren caravanas de personas, hombres jóvenes, ancianos, mujeres, niños, caminando o consiguiendo cualquier tipo de movilidad que los acerque un poco más a su destino.

En los puntos de frontera, rio Grande para América y el mar Mediterráneo para África, miles y miles de personas arriesgan sus vidas, algunos cargando con criaturas pequeñas y mujeres embarazadas, afrontando muchas veces consecuencias fatales, en busca del sueño de una vida mejor; magnificándose los peligros a los que se ven expuestos, por la acción de las bandas que manejan el tráfico de personas, las cuales operan en contubernio con las redes del narcotráfico, las mismas que ostentan importantes conexiones políticas en ambos lados de las fronteras.

En las rutas hacia Estados Unidos, muchos viajan con familias enteras, en caravanas multitudinarias, tramontando rutas a pie forzado, o trepados a duras penas en los vagones de carga del llamado "tren de la muerte", que recorre todo México, a merced de los traficantes, criminales y todo tipo de delincuentes que tratan de aprovecharse de su indefensión; otros viajan solos, asumiendo el riesgo para sí mismos, con la meta de conseguir un trabajo que les permita enviar dinero a la familia que dejan atrás; enfrentado siempre a la muerte a lo largo de su marcha.

MIGRANT WOMEN'S DEATHS IN 2017

Since IOM's Missing Migrants Project began collecting data in 2014, it has recorded the deaths of

1,234 women.

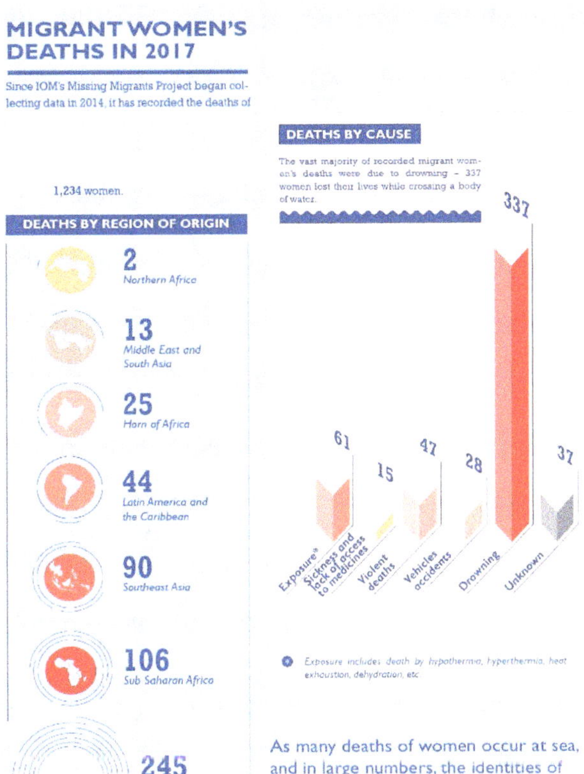

As many deaths of women occur at sea, and in large numbers, the identities of those who die often remain unknown.

Source
IOM's Missing Migrants Project

En las rutas hacia Europa, recorren largas distancias en su afán de llegar al Mediterráneo, tratando de evitar las bandas armadas que azotan las diversas regiones, asesinos inmisericordes, mercenarios a sueldo, que son una de las razones por las que buscan escapar; pero una vez que alcanzan la costa, nuevamente deben enfrentar a los traficantes de personas y luego arriesgar la vida en las aguas del mar, los más afortunados en pequeñas embarcaciones que no son aptas para tal travesía, pero son convenientes para no ser detectadas por las autoridades; los otros se arriesgaran en balsas artesanales hechas con cualquier cosa que pueda flotar; una gran cantidad de ellos no lo logran.

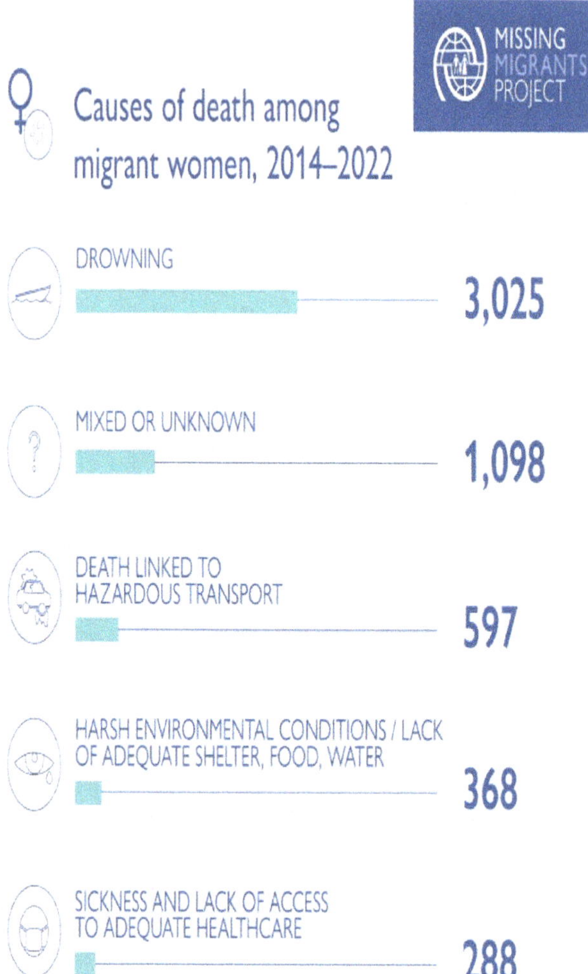
MISSING MIGRANTS PROJECT
Causes of death among migrant women, 2014–2022
DROWNING
3,025
MIXED OR UNKNOWN
1,098
DEATH LINKED TO HAZARDOUS TRANSPORT
597
HARSH ENVIRONMENTAL CONDITIONS / LACK OF ADEQUATE SHELTER, FOOD, WATER
368
SICKNESS AND LACK OF ACCESS TO ADEQUATE HEALTHCARE
288
Source: IOM's Missing Migrants Project, 2023.
© IOM GMDAC 2023

El paso de un problema policial a uno político

Para los países receptores, lo que era un problema subsidiario, delegado a las entidades de asuntos exteriores, ahora se ha convertido en un asunto de primera importancia en sus políticas de gobierno.

En primer lugar, por la fuerte reacción de rechazo de sus ciudadanos hacia la ocupación de sus lugares públicos por los inmigrantes ilegales, en segundo lugar, por el choque cultural que produce el enfrentamiento entre personas con diferentes estándares sociales.

En tercer lugar, pero no menos importante, por el enorme gasto presupuestal que significa reforzar las medidas de seguridad en las fronteras, así como ofrecer lugares de refugio adecuados, servicios médicos, alimentación y cubrir los gastos administrativos que estas gestiones demandan, para las decenas de miles de personas que logran ingresar; presupuesto que proviene justamente de los impuestos que esos mismos ciudadanos pagan al estado por sus servicios.

La disconformidad pública con esta situación se ha vuelto tan grande, que ningún político que tenga pretensiones electorales puede ignorarla, todos tienen opiniones al respecto y propuestas alternativas que ofrecer.

Los gobiernos reciben una constante presión ciudadana, que les exige efectuar acciones radicales que detengan la inmigración ilegal, acciones del tipo que sus propias constituciones y las leyes internacionales de derechos humanos les impiden ejecutar, lo que los enfrenta a una disyuntiva, donde tienen que decidir hasta donde pueden ignorar, torcer o interpretar las leyes, de manera que no queden indefensos ante la oleada de inmigrantes y lo más importante, no perder la aprobación de sus electores.

Trump hizo construir un muro en la frontera mexicana, Texas plantó boyas y alambre de púas en el rio Grande, España penaliza a las lanchas que tratan de rescatar a los balseros en medio del mediterráneo, Francia dicta leyes antinmigración y empuja los residentes a vivir en barrios reservados; mientras las organizaciones religiosas y de derechos humanos tratan de ayudar, con recursos limitados, a sobrevivir a los que logran llegar.

40 | P a g

MISSING
MIGRANTS
PROJECT
59,037 DEATHS RECORDED
DURING MIGRATION 2014 – 2023*
Northern America
3,815
Central America
2,469
Caribbean
1,543
South America
482
Mediterranean
28,172
Europe
1,056
Central Asia
52
Eastern Asia
48
Western Asia
2,155
Southern Asia
2,494
Northern Africa
8,138
Western Africa
3,053
Eastern Africa
2,018
Middle Africa
214
South-Eastern Asia
3,167
Southern Africa
161

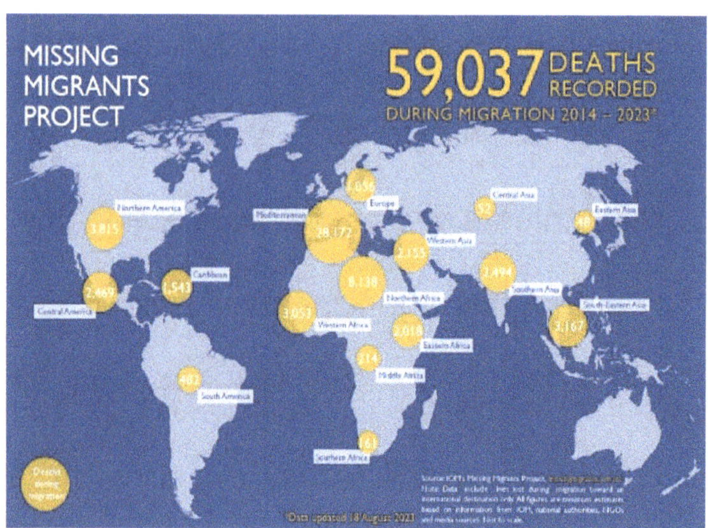

La globalización de la crisis

Pero, no solo los países desarrollados sufren la inmigración ilegal, Latinoamérica también ha sentido las repercusiones de este fenómeno, millones de venezolanos y cientos de miles de haitianos, ven a algunos países de Sudamérica como una esperanza de vida mejor; Colombia, Perú, Ecuador y Chile, han sido sus objetivos, trayendo consigo no solo los problemas migratorios, sino que además extienden el problema de la delincuencia organizada, con formas más crudas y violentas que no eran conocidas en dichas tierras.

El fenómeno tiene implicancias globales, es imposible ignorarlo, ni subestimarlo; sin embargo hasta el momento, las salidas propuestas, son solo parches temporales, se dirigen a atacar el efecto en sí, es decir, a tratar de impedir que los inmigrantes logren incursionar las fronteras, lo cual, más temprano que tarde, volverá a explotar, porque no se están analizando las causas para poder entenderlas y plantear soluciones que ayuden a desmovilizar esa marea humana que busca escapar de su miseria.

La gran pregunta que el mundo debería hacerse no es como detener este flujo de migrantes, sino prestar atención a lo que está causando que esta multitud de personas abandone abruptamente sus lugares de origen, dejando atrás familia, amistades, relaciones laborales, etc.

La falla del sistema

No son las políticas de inmigración las que están fallando, ni los dispositivos de seguridad fronteriza, tampoco se puede descargar toda la responsabilidad en los gobiernos de los países de origen, no se va a resolver el problema solo brindando ayuda económica a dichos países.

El problema es estructural, si bien lo más visible en este caso es la falla del sistema económico, hay que reconocer que este tiene una relación directa con el sistema político, y en el sistema político la falla estructural está centrada en el sistema de representación, al haberse quebrado este mecanismo, se rompió el vínculo entre la ciudadanía y el estado, al perderse la representación ciudadana en el gobierno, este pierde su legitimidad.

En este contexto, el fenómeno de la migración masiva es solo uno más, de los indicadores de la profunda crisis del sistema político, basado en un régimen de repúblicas democráticas.

Cuando la población siente que la clase política que dirige el estado no los representa, cuando estos evidencian que sus intereses particulares están por encima de los de la nación, cuando el ciudadano común ve mermada la capacidad de acceder a sus necesidades básicas, sin encontrar un mecanismo dentro de la institucionalidad del estado para hacer valer sus demandas; surgen y se multiplican los conflictos sociales, que amenazan con romper esa institucionalidad, como consecuencia, el estado recurre a la violencia como mecanismo de control ciudadano.

En estas circunstancias, el estado sufre tres consecuencias; primero, pierde la flexibilidad necesaria para adaptarse a los cambios sociales, al romperse ese vínculo que lo alimenta con la información que necesita; segundo, pierde el respaldo ciudadano para implementar su política de gobierno, por lo tanto, se ve obligado a gobernar con medidas de fuerza; y tercero, al desvincularse del control público, se infesta con la corrupción del poder.

El fondo de la crisis nace con ese quiebre del mecanismo de representación, lo que arrastra a cuestionar la democracia en la que supuestamente está fundado el sistema político, y dado que es en ese nivel donde se deciden las políticas económicas y sociales, provoca que se desdibujen todos los fundamentos morales que justifican la existencia del estado.

El incumplimiento del pacto social

En el imaginario popular, el ciudadano vive bajo un estado de derecho, un acuerdo entre los diversos sectores sociales, llamado desde Rousseau el pacto social, que implica un acuerdo entre gobernantes y gobernados, por el cual el ciudadano se somete a las leyes de un estado, que le asegura un ámbito de derechos y deberes, que sea justo y equitativo.

A razón de este acuerdo, el ciudadano entiende que debe acatar las leyes del estado, cumplir con pagar sus tributos y respetar a las autoridades que lo representan; y a contraparte, asume que el estado tiene la obligación de asegurarle el acceso a los servicios de salud, educación, a los servicios públicos, como agua, energía y transporte, así como intervenir en la resolución de los conflictos mediante un sistema de justicia imparcial.

Cuando la población percibe que el estado no está cumpliendo su parte, no solo le hace sentir desatendida, sino además agredida por parte de las instituciones que deberían estar a cargo de brindarle los servicios públicos; entonces, por sentido común, si una de las partes de un pacto no cumple las condiciones aceptadas, la otra parte también se sentirá desobligada a cumplir su parte, generando el estallido de los conflictos sociales.

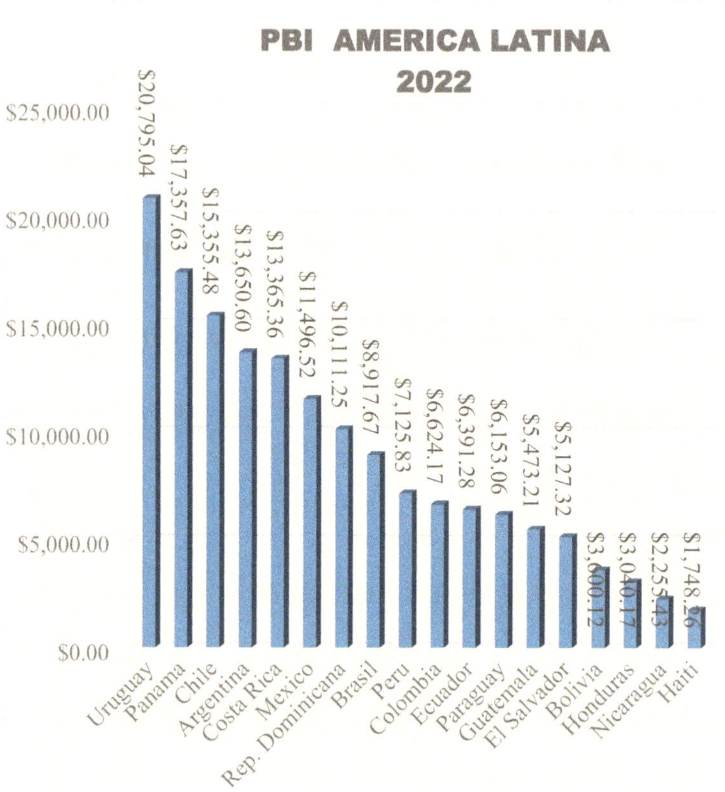
PBI AMERICA LATINA
2022
$25,000.00
$20,000.00
$15,000.00
$10,000.00
$5,000.00
$0.00
$20,795.04
$17,357.63
$15,355.48
$13,650.60
$13,365.36
$11,496.52
$10,111.25
$8,917.67
$7,125.83
$6,624.17
$6,391.28
$6,153.06
$5,473.21
$5,127.32
$3,600.12
$3,040.17
$2,255.43
$1,748.96
Uruguay
Panama
Chile
Argentina
Costa Rica
Mexico
Rep. Dominicana
Brasil
Peru
Colombia
Ecuador
Paraguay
Guatemala
El Salvador
Bolivia
Honduras
Nicaragua
Haiti

La ruptura del mecanismo de representación

La democracia es el sistema por el cual mejor se fortalece la legitimidad de un gobierno; esta legitimidad es la que ayuda a imprimir en el ciudadano una identidad con su patria, la confianza en sus gobernantes, la esperanza de construir su vida en ese entorno, el orgullo de dar su cuota de sacrificio por ese proyecto nacional.

En el escenario político actual se observa, con evidencia en diversos países, el quiebre del mecanismo de representación, los ciudadanos no tienen los canales de comunicación con la clase política, función que anteriormente cumplían los partidos políticos tradicionales, representando los intereses de las diferentes clases sociales existentes; pero que actualmente, han perdido la capacidad de representar a tan diversos estamentos sociales en los que se encuentra dividida la población, convirtiéndose en cascarones electorales que solo buscan obtener cuotas de poder en el gobierno, para favorecer sus intereses particulares.

Sin representación, no hay democracia, sin democracia no hay legitimidad, porque la democracia no se trata únicamente de votos; la democracia es todo un complejo sistema, que funciona mediante diversos mecanismos que deben funcionar armónicamente, las elecciones libres son un factor importante, pero si no se conjuga con los demás derechos y deberes que la conforman, esta no va a ser efectiva.

Democracia: una visión global

Países y territorios clasificados según
el Índice de Democracia Global 2022

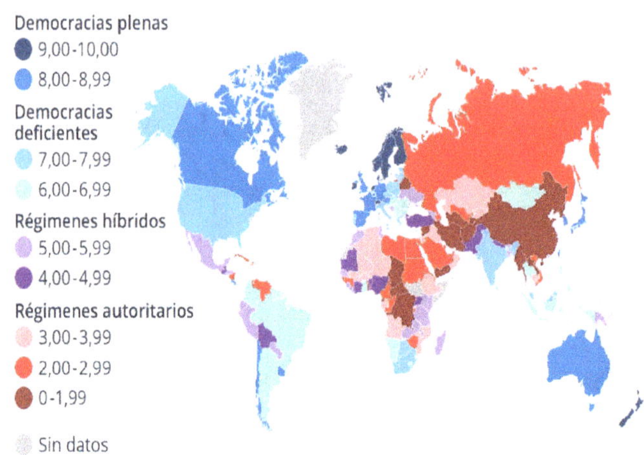

Índice basado en cinco categorías: proceso electoral y pluralismo, funcionamiento del Gobierno, participación política, cultura política y libertades civiles.

Fuente: The Economist Intelligence Unit

La migración en el siglo XXI

Es en esta coyuntura política que emerge el fenómeno migratorio masivo, el que está provocando importantes crisis políticas en los países mas desarrollados; la gente se ve compelida a abandonar sus países de origen, donde se percata de que el estado no cumple con los servicios básicos que esta supuesto a brindar, y que frente a su demanda, responde con una violenta represión; la más evidente ruta de escape a esa situación, es emigrar hacia aquellos países, donde tiene la impresión, que va a recibir los servicios y derechos que su propio país le niega.

Es en este punto que hay que revaluar la forma como se está manejando el conflicto, para enfrentar el problema de fondo; se ha mostrado suficiente evidencia que el fenómeno migratorio, es solo un efecto colateral de la grave crisis, de alcance global, que sufre el mecanismo de representación del sistema democrático; mientras no se tomen medidas para repararlo, las oleadas migratorias, al mismo tiempo que los otros conflictos sociales que emanan de esta crisis, continuarán surgiendo cada vez con mayor fuerza.

En un mundo ideal no deberían existir fronteras, solamente límites, viajar por placer, negocios o migrar de domicilio de un punto del planeta a otro, debería ser tan simple como viajar de un pueblo a otro, de una provincia a otra, sin mas restricciones que las que imponen las necesidades personales; donde las leyes y los gobiernos pueden ejercerse con cierta autonomía en cada localidad, dentro de una circunscripción, pero siempre allanándose a un código de leyes universal, con gobiernos representativos elegidos democráticamente, con la legitimidad que les brinda el encarnar la voluntad ciudadana.

Pero vivimos en el mundo real, donde se exacerban los nacionalismos, desarrollando pugnas entre poblaciones, se construyen muros y barreras, con la finalidad de asegurar el dominio sobre sus feudos a una clase política enquistada en los gobiernos, y que no son más que una expresión de grandes intereses económicos; por lo tanto resulta utópico pensar que las clases gobernantes van a ceder sus privilegios de casta, para lograr consensos políticos que podrían hacer obsoletas las guerras y fortalecerían el bienestar público.

La salida más lógica de esta crisis, sería impulsar plataformas de concertación supranacionales, amplias e inclusivas, con la finalidad de alcanzar consensos que lleven a restablecer los mecanismos de representación y de esta forma se fortalezca el sistema democrático en los países del hemisferio sur; además, ejecutar drásticas medidas de coerción hacia las mafias enquistadas en el poder que pongan resistencia a los cambios necesarios, a la vez, dirigir una fuerte inversión en educación, que prepare a los ciudadanos en las nuevas condiciones creadas, y colaborar en la expansión de la industrialización en dichos países, creando nuevas fuentes de trabajo y desarrollo.

Pero aun esta propuesta resulta imposible de concretar en la realidad, en primer lugar, porque la reforma tendría que empezar por casa, se enseña con el ejemplo; y ya que los países industrializados no son ajenos a la crisis el sistema democrático, poco pueden aportar al respecto; y, en segundo lugar, porque no estarán dispuestos a invertir en educación e industria, ya que eso pondría en peligro el sistema de dominación vigente, que sustenta la riqueza del primer mundo.

Una salida viable

Otra posible salida de la crisis, aun muy dificultosa por la resistencia dentro de los grupos de poder, en ambos lados de la ecuación; pero por lo menos mas viable a fin de cuentas, es llegar a acuerdos, de carácter asistencialista, con los gobiernos en cuestión, del tipo que se hizo en la Europa de la posguerra, como el plan Marshall, bajo un estricto control internacional, para minimizar los efectos de la corrupción; con el objetivo de reconstruir el tejido social dañado, de manera que valga la pena para su población construir su vida dentro de su país y evitar así que se vean compelidos a emigrar.

Ninguna salida es fácil, implica ceder espacios y sacrificar ganancias, pero la alternativa que está por delante es desoladora, por un lado la invasión indiscriminada de los países mas desarrollados, con las consecuencias violentas en la reacción contra los inmigrantes, ya sea por parte de los residentes en las ciudades o de las autoridades fronterizas tratando de detenerles; y por otro lado el estallido de los conflictos sociales en los países de origen, con la consecuente conmoción política que desestabiliza la región; de una u otra manera o la combinación de ambas, el resultado es que se socava el fundamento de la civilización occidental, basada en el sistema democrático.

Los orígenes de la crisis

Hay que darse cuenta, llegados a este punto, que el origen de la crisis del sistema se remonta muchos siglos atrás, la división entre países ricos y países pobres, no se materializa porque unos pueblos fueron mas inteligentes y mas laboriosos que otros, ni porque unos pudieron alcanzar su mayor desarrollo de manera aleatoria y natural, sino porque unos desarrollaron una fuerza militar contundente, que les permitió conquistar y masacrar inmisericordemente a otros pueblos, apoderarse de sus territorios, de sus riquezas y esclavizar a sus pobladores.

Ya con el avance de la civilización, y tras cruentas guerras de independencia, unos pueblos lograron alcanzar cierta autonomía, pero no lograron desprenderse de su dependencia de los poderes fácticos, aquellos que se han dividido el mundo occidental y que manejan la economía de manera que siempre puedan obtener las riquezas naturales de estos países en condiciones muy beneficiosas, así como usar la mano de obra barata de sus poblaciones para optimizar sus ganancias; por supuesto, se mantiene siempre una fuerza militar considerable como amenaza, que en última instancia están dispuestos a usar para develar cualquier rebelión contra el sistema.

Share of population living with less than 3.10 int.-$ per day, 2014

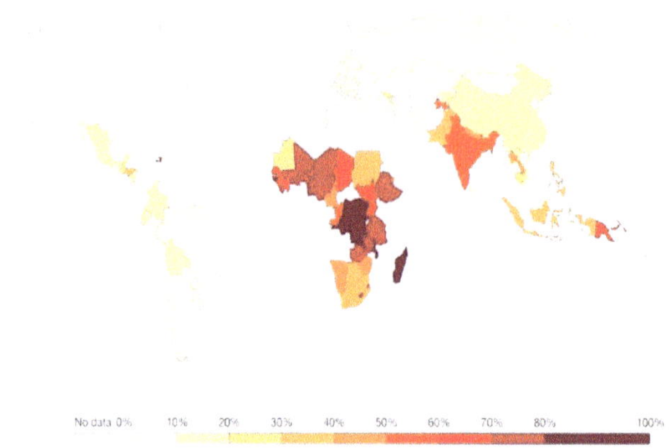

Consideraciones finales

Desde la perspectiva global, que domina el mundo desde fines del siglo XX, la migración masiva, la recesión económica, los altos índices del desempleo y la delincuencia criminal, la corrupción del poder político, la contaminación ambiental, entre otros de los mas graves problemas que aquejan a las sociedades contemporáneas, están íntimamente concatenados unos a otros, evidenciando una decadencia del sistema social vigente; estas sociedades humanas que se han desarrollado construyendo una estructura política basada en la democracia, cuyo eje de valor es el mecanismo de representación de las mayorías y minorías en los estamentos de poder del estado, muestran la evidencia de que es este mecanismo, precisamente, el que está fallando en su cometido, porque ha dejado de representar a su ciudadanía; dando lugar a que surjan las debilidades en todos los demás campos que afectan el funcionamiento adecuado del sistema social.

Esencialmente lo que impulsa el estallido exponencial de la migración ilegal está íntimamente ligado a la pobreza extrema y la inseguridad ciudadana, estos dos factores son creados por la corrupción generalizada en las instancias de gobierno, la cual ha sido generada por la decadencia del sistema democrático, causada por el rompimiento del sistema de representación, debido a que ciertas sociedades humanas no han podido recomponer su pacto social para adaptarse a los cambios de la nueva era global postindustrial.

La conciencia de esta circunstancia, no permite olvidar que, todo éxito que se obtenga para aplicar reformas en el sistema vigente, destinado a menguar sus efectos nocivos en la sociedad, es solo un paso en el camino hacia su completa desarticulación, condición necesaria debido a la profunda injusticia de su esquema distributivo.

Marzo 2024

Tennesse - USA

www.ingramcontent.com/pod-product-compliance
Lightning Source LLC
Chambersburg PA
CBHW051838250726
48659CB00005B/1908